RÉUNION PUBLIQUE

A HYÈRES-LES-PALMIERS

LE
LIBRE-ÉCHANGE

VOILA L'ENNEMI !

DISCOURS DE M. ESTANCELIN

Ancien Député

PREMIÈRE ÉDITION
TIRÉE à 50,000 exemplaires

TOULON

IMPRIMERIE ÉMILE COSTEL, COURS LAFAYETTE, 74

1885

NOTICE

sur

M. ESTANCELIN

M. ESTANCELIN (Louis-Charles-Alexandre), *né à Eu, le 6 juillet 1823, neveu de M. Estancelin, député de la Somme, entra de très bonne heure dans la vie publique. Chef de bataillon de la Garde nationale à 18 ans, Attaché d'ambassade à 22, Membre du Conseil général de la Seine-Inférieure à 25, Représentant du Peuple à 26, il rentra à la Chambre en 1869, comme député de Dieppe.*

Général à titre auxiliaire, pendant la guerre, il eut le commandement général des départements de la Seine-Inférieure, du Calvados et de la Manche.

Il est Chevalier de la Légion d'Honneur, Grand'Croix de l'Ordre d'Isabelle la Catholique, Commandeur de l'Ordre de Charles III d'Espagne. Son nom figure dans les Histoires de la Révolution de février, à propos du courage et de la résolution qu'il montra en protégeant la fuite de la Duchesse de Montpensier.

Il nomma, pendant la guerre, le Duc de Chartres, officier sous ses ordres, et lui donna le nom, redevenu légendaire, de Robert-le-Fort.

Il commanda la colonne de troupes qui, pendant le siége, s'approcha le plus près de Paris.

A la Tribune parlementaire, il prit, comme orateur, la parole en maintes occasions, avec une grande facilité d'élocution, une ironie mordante, et un imperturbable sang-froid. Dans une discussion où son discours fut l'objet de quatre-vingt-huit interruptions, le Président, qui essayait de rétablir le silence, dit : « Mais, Messieurs, l'orateur ne peut pas répondre à tout le monde à la fois. » A la fois, non, répond M. Estancelin, mais successivement, oui !

Membre de la Commission d'enquête sur la Marine, il fut envoyé par l'Assemblée nationale, en 1851, en Angleterre, en Ecosse et aux Iles Orcades, afin de préparer les mesures nécessaires pour modifier la législation contraire aux intérêts des pêcheurs français, compromis par la concurrence étrangère.

Il prononça, le 2 juillet 1870, pour la rentrée des Princes d'Orléans, un discours qui eut un grand retentissement. Le lendemain, un journal alors très répandu, le Siècle, disait : « L'effet du discours de M. Estancelin a été immense. A diverses reprises, il a fait couler des larmes sur plus d'un visage dans la tribune et dans la salle ; ce n'était plus le combattant léger, s'attaquant au libre-échange, le cœur avait fait de lui un grand orateur. »

Au 4 Septembre, M. Estancelin, quoique Député de l'opposition, comprenant les dangers d'une révolution devant l'invasion, demanda deux cents hommes au commandant d'un bataillon qui stationnait dans la cour du Palais-Bourbon, fit battre la charge, entra dans la Chambre, la fit évacuer, somma le général Trochu de prendre les mesures militaires extérieures pour que la séance pût continuer. Le général s'y refusa, et la Révolution s'accomplit.

M. Estancelin avait été choisi par Monsieur le Comte de Chambord pour présider un grand banquet royaliste, à Paris, le 2 juillet 1883 ; la mort du Prince l'empêcha.

M. Estancelin s'occupe beaucoup des questions agricoles ; il présida deux fois l'Assemblée générale des Sociétés agricoles de France, réunies à Paris.

M. Estancelin aime la vie de campagne et a une profonde répugnance pour la vie politique. Grand chasseur, adroit aux exercices du corps, tireur à l'épée de première force, il préfère l'indépendance de sa vie ordinaire aux devoirs de la vie politique ; cependant, s'il y rentre, il est probable qu'il jouera un rôle important.

(Extrait du Panthéon de la Légion d'Honneur.)

DISCOURS DE M. ESTANCELIN

A Hyères-les-Palmiers

MESSIEURS,

Lorsque les amis qui m'ont invité à faire ici la Conférence pour laquelle nous sommes réunis aujourd'hui, m'ont demandé si je voulais une réunion publique ou privée, j'ai répondu que je ne consentais à faire une conférence que si elle était publique, et cela pour divers motifs :

Le premier, c'est que dans un pays qui vit sous un régime démocratique comme l'état actuel, lorsque l'on traite des questions qui touchent aux grands intérêts de la Nation, il est nécessaire que le Peuple soit éclairé par ceux-là précisément qui, ayant une conviction profonde, fortifiée par les événements, peuvent lui communiquer les vérités qui leur ont permis d'avoir une opinion fondée non pas sur des théories séduisantes, impossibles à réaliser, mais sur des faits nets, précis, positifs et concluants.

Puis, lorsqu'un homme a toujours servi son pays, avec indépendance, avec dévouement, avec désintéressement, et qu'il s'est montré, en toute occasion, le défenseur vigilant des libertés publiques, et de l'ordre qui peut seul les assurer, c'est toujours avec plaisir qu'il se trouve en face de ses concitoyens réunis, car il peut se présenter le front haut, et la conscience tranquille, ce que je fais aujourd'hui. (*Très bien*).

J'ai dit *concitoyens* : ce mot, tombé de mes lèvres, est ici une vérité ; je ne suis pas un étranger parmi vous, car depuis 25 ans, je viens chaque année passer mes hivers dans votre beau pays, et même comme beaucoup d'entre vous, j'y ai cultivé mes vignes, fait mon vin, et surveillé mes artichauts. Aussi, il y a 6 ans, alors que je présidai la Réunion générale des Présidents des Sociétés agricoles de France, au mois de mars 1879, le département du Var m'avait-il spécialement chargé de la défense de ses intérêts, et le Président de la Société d'Agriculture m'écrivait-il : « Nous vous donnons pleins pouvoirs, pour développer les « doléances de notre agriculture. »

Les questions que j'ai à traiter sont des plus sérieuses ; j'essaierai d'être le moins ennuyeux possible, mais je ne réponds pas d'y parvenir, car je ne ferai pas vibrer la corde si sensible des passions politiques, je ne vous parlerai ni des principes de la République, ni des droits de la Monarchie ; je n'irai pas chercher dans l'Histoire des siècles passés, toutes les fautes ou les gloires de la Monarchie, ou, dans les temps plus rapprochés, tous les crimes et les bienfaits de la République.

Les questions qui vont faire l'objet de cette Conférence sont, à mon avis, bien supérieures à celles qui touchent à la politique ; elles sont vraies sous tous les régimes, elles sont de tous les temps, car avant de savoir par qui et comment une nation sera gouvernée, il faut d'abord savoir si elle peut vivre, et comment elle vivra dans les conditions économiques qui lui sont faites par les lois ou les événements.

Le langage que je vais vous tenir, je l'ai fait entendre du haut de la tribune législative, sous le Gouvernement Impérial, alors qu'avec M. Thiers nous défendions le travail national, les intérêts de l'Agriculture et de l'Industrie, contre des rêveurs bien intentionnés, sans doute, mais bien aveugles ! Car là où ils nous prédisaient une admirable prospérité, nous n'avons vu que misères et ruines !

Je l'ai fait entendre au nom de l'Agriculture française;

aux pouvoirs publics du Gouvernement de la République, alors qu'ils allaient discuter ces désastreux traités de commerce contre lesquels aujourd'hui, sous la pression des événements, ils sont obligés de réagir, en présence de la misère publique. Et si les événements de l'avenir nous ramenaient la Monarchie, mon langage serait le même ; car ne relevant que de ma conscience, et ne disant que ce que je crois utile au bien de mon pays, on ne m'a jamais vu et on ne me verra jamais changer de manière de dire, pour me faire, suivant l'occasion, le courtisan des Princes ou du Peuple ! (*Très bien !*)

Mais si les questions que je vais traiter devant vous ont une grande importance, elles sont singulièrement arides ; aussi, si, dans cette nombreuse assemblée, il est quelques citoyens qui, voyant pour un jour de dimanche, l'annonce d'une réunion publique dans une salle de théâtre, ont pensé qu'ils pourraient y trouver un plaisir nouveau, je m'empresse de les détromper ; il est encore temps pour que, prévenus, ils puissent se retirer, et reprendre ailleurs leurs joyeux ébats.

Mais s'ils sont bien décidés à braver les ennuis et les longueurs d'une Conférence sérieuse, je leur demande, comme à vous tous, Messieurs, une bienveillante attention. (*Applaudissements*).

La France, vous le savez tous, souffre aujourd'hui d'une crise économique qui chaque jour fait de nouveaux progrès et mène le pays à sa ruine.

Quelle est l'importance et la nature de cette crise ?

Quelles sont les causes qui l'ont produite ?

Quels sont les remèdes qui auraient dû y être apportés ?

Pourquoi ne l'a-t-on pas fait ?

Quels sont ceux qui sont indispensables ?

Tels sont, Messieurs, les divers points que je vais avoir l'honneur de traiter devant vous.

Il est trois vérités que je dois d'abord vous exposer ; ce sont pour moi trois axiomes économiques qui m'ont inspiré depuis mon entrée dans la vie politique, et m'ont servi de guide infaillible, car celui qui suit des principes vrais voit tôt ou tard les événements lui donner pleinement raison.

Je vous prie de vous les rappeler pendant le cours de cette Conférence, parce que vous aurez ainsi facilement la clef des faits divers qui vont se dérouler sous vos yeux.

Tout Etat organisé a besoin d'un budget pour payer ses dépenses, et naturellement il faut des impôts ; mais « tout « argent qui n'est point perçu aux frontières sur le travail « ou les produits étrangers, doit être pris à l'intérieur sur « le travail national. »

Les protectionnistes comme moi disent :

« Prenez autant que vous le pourrez aux frontières sur « le produit et le travail étranger l'argent qui vous est in- « dispensable. »

Les libre-échangistes, eux, disent :

« Ne faites rien payer à l'étranger, mais prenez tout ce « qui vous sera nécessaire au moyen des impôts perçus sur « les produits ou le travail français. »

C'est là toute la différence entre les deux écoles.

La République américaine, en suivant nos doctrines, a développé son agriculture et son industrie, et fait acquitter par les étrangers l'immense dette qu'elle avait contractée pour la guerre de la sécession.

La République française, en se faisant libre-échangiste, a ruiné l'agriculture, compromis notre industrie, écrasé la France d'impôts et doublé notre dette.

Voilà un premier point établi ; — il est incontestable.

Je passe au second.

« L'homme en état de société ne vit que par son revenu.

« Le revenu de l'ouvrier, c'est son salaire ; son capital, « ce sont ses bras et son intelligence.

« Puis, lorsque par son industrie ou son économie, il a « créé un capital mobilier ou immobilier, le revenu qu'il en « tire aide ou remplace le revenu de ses bras. »

Aujourd'hui, la concurrence étrangère fait baisser le

salaire de l'ouvrier (c'est-à-dire son seul revenu) ; l'ouvrier occupé par l'industrie est le premier atteint, puis l'ouvrier agricole qui suit le sort de l'Agriculture.

Donc, le libre-échange atteint d'abord l'ouvrier qui n'a que son salaire, puis ensuite fait baisser la rente de la terre, cette caisse d'épargne nationale dont la valeur ne s'est accrue dans le vieux monde qu'en raison du travail accumulé et de l'économie, et dont la valeur est le thermomètre de la richesse publique.

Enfin, il est une troisième vérité aussi incontestable que les deux premières, c'est celle-ci :

« Lorsque deux objets produits dans des conditions
« absolument différentes, comme sol et main-d'œuvre, se
« rencontrent sur le même marché, leur prix de vente, s'il
« est le même, peut-il rémunérer également les deux pro-
« ducteurs ? Et si l'un peut produire à moitié prix que
« l'autre, l'un en travaillant sera constamment en perte et
« l'autre constamment en gain. »

C'est la situation de l'ouvrier français, en face de la concurrence étrangère, effet du libre-échange.

Quelle est l'importance de la crise qui éprouve la France aujourd'hui ?

A mon avis, s'il était possible de la chiffrer, ce serait par milliards qu'on pourrait l'évaluer.

Les documents que je vais mettre sous vos yeux vont vous en donner une idée : ce sont des pièces officielles puisées dans les archives des Chambres.

Lors de la discussion sur les traités de commerce qui sont, comme je le démontrerai, la cause de la crise actuelle qui, commencée depuis longtemps déjà, s'aggrave chaque jour, M. Gaudin disait à la tribune en février 1880 :

« Messieurs, trois mille baux d'hospice viennent d'être
« mis en adjudication publique, dans plusieurs départements
« parmi lesquels les plus riches de France : Nord, Pas-de-
« Calais, Somme, Aisne, etc. ; la diminution de la location
« a été de 20 à 40 0/0.
« Mais, dira-t-on, vous parlez de biens d'hospice, de

« grandes propriétés? Non, Messieurs, c'est surtout sur la
« petite propriété que la baisse s'est accentuée ; il s'est
« passé quelque chose de plus regrettable, de petits lots de
« 10 hectares n'ont trouvé d'adjudicataire à aucun prix ! »

C'était déjà un fait énorme, Messieurs, que cette situation
révélée à la Chambre par des documents officiels, car c'est
la constatation de la diminution d'un tiers du capital et du
revenu du patrimoine des pauvres. Ici un hospice avait
30,000 livres de rentes représentant au taux ancien un capital
de 900,000 fr. à 3 0/0 ; n'ayant plus que 20,000 fr. de
rentes, la valeur du capital suit la diminution de la valeur
du revenu ; il n'a donc plus que 600,000 fr. de capital et
20,000 livres de rentes : c'est une diminution de 10,000 fr.,
soit dix mille francs de moins à consacrer aux secours des
malheureux, c'est-à-dire dix lits à supprimer.

La Chambre qui, aujourd'hui, essaie de réparer en partie
le mal qu'elle a fait, a-t-elle tenu compte alors des aver-
tissements qui lui ont été donnés ? En aucune façon. Il est
bien temps, maintenant, de voir les désastres qui pouvaient être évités.

J'ai dit que je ne parlerais pas de la forme du gouvernement qui nous régit, mais j'ai le droit et le devoir d'être
juste et sévère pour les hommes qui ont imposé à la
France des traités de commerce qui la ruinent. Ils peuvent
être individuellement de la plus haute valeur dans la profession qu'ils exerçaient, mais réunis en assemblée politique
ils ont donné le spectacle d'une incapacité et d'une ignorance qui dépassent toutes les bornes.

Vous venez d'entendre ce qu'on leur disait en 1880, alors
qu'ils auraient pu empêcher le mal qui s'est fait.

Voici maintenant le Rapport qui vient d'être déposé, le
mois dernier, à la Chambre des Députés ; je vais vous en
citer de courts extraits, mais ils seront, je le pense, bien
suffisants :

« La crise agricole a atteint un tel degré d'intensité,
« qu'une vive agitation s'est manifestée parmi les popula-
« tions rurales toujours si calmes, si économes, si résignées.

« Les récoltes de 1882 et 1883, quoique supérieures aux
« années moyennes, n'ont donné aucun profit aux agricul-
« teurs.

« Un immense cri de protestation a retenti dans la
« France entière : plus de vingt Conseils généraux se sont
« fait l'organe des doléances du monde agricole, de l'Est à
« l'Ouest, du Nord au Midi ; par un mouvement spontané
« et sous le coup d'une impérieuse nécessité, ont réclamé
« la création de la surélévation sur les droits de douane et
« sur les produits agricoles étrangers. »

Et le rapporteur ajoute plus loin, en parlant d'un des
départements les plus riches, autrefois, de France :

« La baisse des fermages atteint de 20 à 30 0/0 pour la
« plupart des baux renouvelés depuis trois ans ; elle paraît
« aller à 50 0/0 pour certains marchés de terre ; des champs
« restent complètement abandonnés, d'autres sont replantés
« en bois ; et cette conversion est motivée, car dans l'état
« actuel des frais de production, le prix de vente des ré-
« coltes, herbes, graines et racines, ne laisserait que de la
« perte ; et si les terres en friche ne sont pas plus nom-
« breuses, c'est parce que les propriétaires se résignent à
« n'être pas payés ! »

Dans l'arrondissement de Saint-Quentin, le rapporteur
chargé de l'enquête agricole ajoute :

« En mars 1884, lors de l'enquête officielle, l'agriculture
« sucrière était en pleine crise, et la petite culture n'était
« pas, bien s'en faut, la dernière à s'en plaindre : elle avait
« renoncé, pour cause du prix de vente, non rémunérateur,
« *à la production du lin, du chanvre et du colza !*
« La concurrence des maïs américains, employés à la
« fabrication des glucoses, la privait de la vente lucrative
« des pommes de terre.
« Ne pas dire que la plainte était générale chez les grands
« comme chez les petits cultivateurs, ce serait manquer à
« tous mes devoirs d'enquêteur. *J'insiste donc sur ce point
« de ma mission.* J'ai vu beaucoup de misères ; et, lorsque,
« remontant à la cause première de ces misères, j'ai consulté
« les plaignants, c'est à l'unanimité que l'on m'a répondu
« que l'Agriculture souffre parce que ses prix de revient
« sont supérieurs à ses prix de vente. On ajoutait : cette
« triste supériorité tient toujours aux excès d'importation
« de produits agricoles, qui sont provoqués par notre
« régime d'inégalités douanières. »

Je vous fais grâce, Messieurs, de plus longues citations ; celles-là sont, ce me semble, suffisantes.

Je trouvais, ces jours passés, dans un journal du plus riche département de France, celui du Nord, là où la culture est la plus perfectionnée, les tristes faits suivants :

« A Hermies, un brave cultivateur âgé de 61 ans, qui
« toute sa vie a travaillé aux champs, s'est jeté dans la
« citerne de sa ferme par désespoir de ne pouvoir faire face
« à ses engagements,
« Dans le canton de Cassel, un cultivateur encore, ne
« pouvant lutter plus longtemps, a abandonné sa ferme ne
« pouvant se résigner à vivre chargé de dettes. Il est passé
« en Belgique et s'est jeté à la rivière où l'on vient de re-
« trouver son cadavre.
« Près de chez moi, à Haucourt, à Walincourt, à Landry,
« à Villers-Plouich, quatre des plus belles fermes de notre
« rayon viennent d'être abandonnées par leurs occupants,
« jetant comme on dit le manche après la cognée ! »

Tel est, Messieurs, le triste spectacle que nous offre l'agriculture du Nord. Je m'empresse de dire que j'ai naturellement choisi les exemples les plus saisissants ; mais, un peu plus ou un peu moins, la situation est déplorable.

Seuls, les pays d'herbage ont échappé en partie au mal général ; mais leur tour arrive, et dans mon canton je sais une excellente pâture qui a été louée ces temps derniers avec plus de 30 0/0 de diminution.

Je viens de vous parler du Nord, mais que vous dirai-je du Midi ? Vous connaissez mieux que moi la situation actuelle, et si vous êtes peut-être moins malheureux sous de certains côtés, est-ce que vous n'avez pas aussi de cruelles épreuves à supporter ?

A côté du phylloxéra qui a détruit une partie de vos vignobles (fléau naturel que je n'attribue pas au libre-échange), vos oliviers ne paient plus les frais qu'ils occasionnent, et vous voyez les vins espagnols et les huiles d'Italie, les légumes de Catalogne venir faire à vos produits une concurrence ruineuse, et vous ôter la juste rémunération de vos travaux et de vos cultures si intelligentes, si soignées, et autrefois si fructueuses.

Le blé, comme dans le Nord, n'est plus cultivable avec profit.

Depuis quelques jours, vous apprenez qu'il est question d'abaisser de moitié les droits sur les bouchons étrangers, et que l'existence des fabricants de bouchons et la classe si nombreuse des ouvriers bouchonniers sont menacées par les mesures dont on parle actuellement.

Savez-vous combien l'Espagne vous envoie de vins plus ou moins frelatés, mais toujours fortement additionnés d'eau-de-vie, le plus souvent d'origine germanique ? 5 millions 500 mille hectolitres de vins espagnols représentant une valeur de plus de 170 millions entrent en France en payant un droit de 2 fr. l'hectolitre (décimes compris) et, vous le savez, avec le titre légal de 15 degrés.

Mais, à côté des souffrances de notre agriculture locale, il y a des souffrances d'une autre nature, et qui vous rendent solidaires d'une manière plus complète de la crise qui éprouve le Nord.

Vous vivez dans un pays béni du Ciel et du soleil ; on vient chercher chez vous ce climat délicieux qui offre, sans sortir de France, le charme des côtes d'Asie ou d'Afrique.

Vos produits délicats, primeurs si appréciées, vont dans le Nord figurer sur les tables des classes aisées. Mais, pour venir chez vous, ou pour consommer à Paris ou ailleurs les produits que vous exportez, il faut de l'argent !

Or, croyez-vous que des propriétaires privés de leurs revenus puissent faire face aux dépenses de luxe que nécessitent de lointains voyages, un séjour au milieu de vous, ou puissent continuer à consommer les produits de vos jardins ?

En aucune façon : chacun plus ou moins atteint dans sa fortune, arrête ses dépenses ; les premières sont celles de luxe, plus de voyages dans le Midi, diminution dans les dépenses de table : on attend que le soleil du Nord ait mûri les fruits tardifs de nos jardins.

Tout s'enchaîne dans la vie d'une nation. Plus de revenus chez les propriétaires, plus de dépenses aussi bien pour venir à Hyères ou à Nice, que pour acheter les produits des cultures ou de l'industrie de luxe.

Vous venez de voir, avec preuves à l'appui, la situation de l'Agriculture. L'homme des champs tranquille et patient traîne péniblement son boulet. Pour qu'il se plaigne, il faut qu'il soit poussé à bout ; et, bien souvent, il succombe sans se plaindre, ou la mort dans le cœur il va se jeter à l'eau !

L'ouvrier des villes n'agit pas de même : s'il souffre, il le dit, et il a raison. Aussi vous connaissez tous ces plaintes de l'industrie parisienne. D'après les derniers recensements, il y a maintenant près de 20,000 appartements vacants à Paris ; 43 mille ménages et 123 mille individus sont inscrits comme indigents.

Les journaux sont remplis chaque jour des réunions et des menaces des ouvriers sans travail ; et dans l'enquête parlementaire qui a eu lieu, vous voyez toujours revenir ce refrain parmi les divers griefs : « C'est la concurrence « étrangère qui nous ruine ! »

Les fabricants de meubles, dont les ateliers sont encombrés voient les meubles allemands, suisses, autrichiens, italiens, leur faire au milieu du faubourg Saint-Antoine une concurrence impossible à soutenir.

Nos lingères exportaient, en 1860, pour 120 millions de linge. Aujourd'hui, c'est 50 millions seulement qu'elles exportent : c'est 70 millions de travaux enlevés aux ouvrières françaises.

Un journal industriel d'un de nos plus grands centres de fabrication de lainages, d'Elbœuf, contenait, le 15 février dernier, le passage suivant : « A Paris, affaires nulles, « cours sans fermeté, plus bas que jamais, stoks de lai- « nage sur place sont en grande quantité, et leur place- « ment se fait à des conditions bien au-dessous du prix « coûtant. Malgré ces sacrifices, les détenteurs en sont « pour leurs frais de proposition, car les acheteurs sont « introuvables. »

Je ne passerai pas en revue les diverses industries pari-
siennes, ce spectacle serait à peu près le même : la situation
est déplorable là comme ailleurs.

A Lyon, la situation n'est pas meilleure ; une Commission parlementaire a été nommée pour se rendre compte de
la légitimité des réclamations des ouvriers, elle a fait une
enquête qui naturellement n'a produit aucun résultat, si
ce n'est un Rapport, et voici ce que dit ce Rapport :

« Le bassin houillier de la Loire est menacé d'une ruine
« totale, la réduction de travail est de 25 0/0.
« A Lyon, la population ouvrière, que la crise atteint,
« est évaluée à cent mille personnes, sur lesquelles 12,000
« au moins ne peuvent vivre que de la charité publique.
« Dans la région lyonnaise, la production des soies a
« diminué de près de 100 millions de francs.
« Le nombre des métiers à Lyon et à Saint-Etienne a
« diminué ; 75 0/0 sont en chômage, et la production qui,
« à Saint-Etienne était de 93 millions, est tombée à 43 !
« Le tissage, il y a 5 ans encore, était prospère ; l'ouvrier
« gagnait en moyenne 4 francs. Depuis ce temps le travail
« s'est fait de plus en plus rare, les salaires de moins en
« moins rémunérateurs, les sept dixièmes des ouvriers sont
« sans travail, et ceux qui ont du travail ne gagnent que
« le prix dérisoire de *1 franc 25 par jour* : ces chiffres,
« dit le Rapport, *sont de la vérité la plus exacte !* »

Il constate que le mal vient de la concurrence étrangère,
qui ferme à nos industries leurs anciens débouchés ; — et
j'ajoute, moi, — de la ruine des cultivateurs ou des propriétaires français qui étaient les meilleurs clients de l'industrie lyonnaise, et dont beaucoup en sont à savoir
comment ils pourront vivre, au lieu de penser à acheter
des robes ou des rubans de soie pour attifer leurs femmes
ou leurs filles !

Telle est la situation de nos principales industries avec
le régime actuel ! Et voilà les fruits du libre-échange !

Il y a 15 ans, notre budget était de 1 milliard 900 millions.

Les malheurs de la guerre l'ont porté à 2 milliards 500
millions, et actuellement il est monté à 4 milliards !

Et vous le savez, a dit le Ministre, Président du Conseil :

« Pour 1886, on n'échappera pas à la création de nou-
« veaux impôts ; vous savez bien que si nous n'en propo-
« sons pas cette année, c'est que nous entrons dans une
« année d'élections ! » (*Mouvements*).

Est-ce avec l'argent pris aux frontières sur le travail
étranger, comme je l'ai indiqué en commençant, que le
gouvernement a fait face à ces dépenses formidables ? En
aucune façon. Les produits étrangers arrivent presque
sans aucuns droits, et c'est en immense majorité au travail
national qu'il a dû le demander ! De façon que, grâce à ces
désastreux traités de commerce, le gouvernement demande
à la fois des lourds impôts aux citoyens de la République
et livre sans défense leur industrie à la concurrence
étrangère !

Ces routes, ces canaux, ces ports créés et entretenus avec
les impôts que vous payez, servent à faire parvenir au
milieu du pays, des produits étrangers, qui n'ont participé
en rien aux dépenses dont profitent leurs expéditeurs, au
grand détriment de la production française.

J'ai parlé tout à l'heure de la diminution des revenus,
aussi bien pour l'ouvrier, sous forme de salaires, que pour
le propriétaire ; mais, Messieurs, il est un point non moins
important : c'est la diminution du capital foncier de la
nation entière.

La terre a toujours été, jusqu'à ces derniers temps, la
caisse d'épargne où depuis des siècles les économies pro-
duites par le travail de la nation s'étaient amoncelées, sa
valeur était le vrai thermomètre de la richesse publique.
Travailler pour acheter un morceau de terre ou un do-
maine, c'était le but et l'honnête et légitime ambition du
père de famille !

La pensée qu'il laisserait un petit héritage à ses enfants,
le soutenait au milieu de ses pénibles labeurs, le consolait
de ses privations journalières, car, en espérance, il s'éle-
vait du rang de journalier à celui de propriétaire !

Belle et bonne démocratie que celle qui pousse le travailleur à allonger sa veste pour en faire un habit ! *(Applaudissements.)*

Aujourd'hui, cette caisse d'épargne qui était autrefois si sûre, est crevée ; elle laisse échapper les économies qui lui étaient confiées ; la valeur de la terre a diminué environ d'un tiers en moyenne dans l'ensemble du pays, et ce pauvre petit propriétaire voit avec douleur disparaître le prix péniblement acquis de sa vie de travail et d'économie !

Pendant ce temps-là, les peuples étrangers s'enrichissent à nos dépens et rient de bon cœur de notre stupide naïveté.

On est effrayé, quand on pense au chiffre formidable atteint par la dépréciation de la propriété foncière ; il est impossible de l'établir, car on recule épouvanté.

La statistique avait donné le chiffre de 90 milliards à la richesse agricole de notre pays, je n'ose pas dire qu'elle a diminué de 30 milliards ! Mais je dis : la perte est incalculable !

Mais, s'il est impossible de fixer des chiffres certains à la dépréciation de la valeur territoriale, il existe des chiffres certains dans les documents officiels qui nous indiquent la diminution du mobilier agricole, c'est-à-dire du bétail.

Ce ne sont ni les maladies, ni les épizooties qui en sont la cause ; la vraie, la seule, c'est que les cultivateurs gênés ont vendu leurs bestiaux et leurs troupeaux pour faire de l'argent !

La première chose que fait un cultivateur qui a besoin d'argent, c'est de vendre ses grains ; si cela ne suffit pas, il vend du bétail. Si on a peu d'aisance, on vend une tête de bétail d'un prix élevé, et on en rachète une autre de bas prix ; et, si on est gêné, on vend, et on ne rachète pas. — C'est ce qui est arrivé !

En 1866, nous possédions 12,733,000 bêtes à cornes ; en 1881, nous n'en avions plus que 11,576,000. C'est une diminution de 1,156,000 et une perte de 350 millions.

Nous avions 37,000,000 de moutons ; nous n'en avons plus que 24,000,000 millions, soit une perte de 11 millions et une valeur en moins de près de 400 millions.

Nos chevaux sont tombés de 3,313,000 à 2,844,000, soit une diminution de 469,000 et c'est encore une perte de plus de 200 millions.

Et depuis que les derniers recensements ont été faits, la diminution est plus considérable encore.

Si, à cette diminution de têtes de bestiaux qui a fait tomber notre mobilisation agricole vivant de 53 millions de têtes de bétail à 40, on ajoute la perte d'engrais résultant de la disparition de 13 millions de têtes de bétail, c'est plus d'un tiers de la richesse mobilière agricole qui a disparu également.

C'est, de plus, une diminution proportionnelle de l'élément fertilisateur du sol, l'engrais, qui fera défaut aux récoltes futures.

Quoi d'étonnant, après ce que vous venez d'entendre, appuyé sur des documents incontestables et officiels : Diminution du revenu territorial, agricole; diminution de la valeur immobilière ; diminution de la valeur mobilière agricole — que le rapporteur de la Commission de la Chambre ait écrit ces mots : « Un immense cri de protes- « tation a retenti dans la France entière, de l'Est à l'Ouest, « du Nord au Midi ! »

Toute la France agricole se lève aujourd'hui comme les ouvriers de l'Industrie, et s'adressant aux Ministres, aux Sénateurs, aux Députés, dont l'intelligence politique économique nous a donné ces brillants résultats, leur dit ces mots qui sont aujourd'hui dans tous les cœurs et qui bientôt seront sur les lèvres du peuple tout entier :

QU'AVEZ-VOUS FAIT DE LA FORTUNE DE LA FRANCE! *(Applaudissements prolongés.)*

Ma conviction personnelle a toujours été que les traités commerciaux de 1860 n'ont été que le prix payé à l'Angleterre par le gouvernement Impérial, de l'annexion de Nice et de la Savoie. Mais l'Empereur pouvait avoir une excuse (et quand je parle de l'Empereur je ne puis être soupçonné de partialité) c'est qu'on n'avait pu voir encore quel serait le résultat du libre-échange appliqué à l'Agriculture et au Commerce français.

Le gouvernement Impérial avait inauguré en 1860, une politique commerciale funeste à la France, mais le gouvernement de la République a toute la responsabilité de la crise actuelle dont je vous ai montré toute la gravité : car il a renouvelé en les aggravant, tous les traités signés par l'Empereur, et qui expiraient en 1880.

Il l'a fait, malgré les avis éclairés des hommes compétents, il l'a fait malgré les leçons de l'expérience, il l'a fait pour obéir à des motifs de diverses natures, et dont je parlerai plus tard ; mais, en fait, il a sacrifié volontairement ou par aveuglement, les intérêts du pays en ouvrant nos frontières aux produits des pays étrangers !

Il avait tous les moyens de réparer les maux causés par le gouvernement Impérial qui étaient, disait-on, le résultat de la politique personnelle de l'Empereur ! Il ne l'a pas fait, lui seul est donc responsable.

La fin de la guerre de la sécession, qui avait, pendant un certain temps, neutralisé les effets du Traité de 1860, avait montré à l'Europe et au gouvernement de la République tous les dangers de se lier par de nouveaux traités. A cet égard, il est complètement inexcusable, car les arrivages d'Amérique étaient signalés depuis plusieurs années, et la crise agricole sévissait déjà dans toute son intensité.

L'orateur explique ensuite toute l'évolution faite par l'Angleterre pour passer du régime protectionniste, qui avait fait sa fortune depuis Cromwell, jusqu'au jour où son industrie, ne trouvant pas de débouchés suffisants et le pays ne pouvant plus nourrir son immense population ouvrière industrielle, il a fallu chercher des débouchés dans le monde entier, et l'appeler à la nourrir. Il cite ces paroles remarquables de sir Robert Peel, disant le 16 février 1846 :

« Nous avons la supériorité maritime, le fer, le charbon,
« ces nerfs de l'industrie, donnent à nos manufactures de
« grands avantages sur celles de nos rivaux. Notre capital
« surpasse celui dont ils peuvent disposer. Notre caractère

« national , les institutions libres sous lesquelles nous
« vivons, nous placent à la tête des nations qui se déve-
« loppent mutuellement par le libre - échange de leurs
« produits. Est - ce là un pays qui doive redouter la
« concurrence ? »

Voilà, ajoute M. Estancelin, en quelques mots, et par la
bouche d'un de ses grands ministres, toute la politique
commerciale de l'Angleterre ?

Nous sommes les plus forts, le libre-échange doit nous
profiter, plus qu'aux autres ; donc, vive le libre-échange !

Aujourd'hui, à son tour, l'Angleterre paie le prix du
développement d'un principe faux, et une ligue se forme
pour demander le retour à la protection, et arrêter la ruine
qui s'avance.

Il indique les conséquences dans le monde, de la politique anglaise si égoïste, et parfois si brutale : et cite cette
réponse d'un homme d'Etat anglais à une phrase polie d'un
Français qui disait : « Si je n'étais pas Français je voudrais
« être anglais », « et moi, Monsieur, dit l'Anglais, si je ne
« l'étais pas, je voudrais l'être ! » Puis continuant, M.
Estancelin, fait l'historique de ce qui s'est passé au moment
du renouvellement des Traités de commerce par la Chambre
actuelle ; il parle de la présence des Commissaires anglais
dans les ministères, etc.

Il montre l'incapacité de M. Tirard, alors ministre de
l'agriculture, disant à la tribune, qu'en accordant des
stations d'étalons à un pays, il allait *modifier ainsi les
assolements de la contrée ! (Rires)*.

Exactement, ajoute l'orateur, comme on changerait la
culture d'un jardin de ce pays, en y mettant une étable à
chèvres, au lieu d'une cabane à lapins ! (*Rire général*).

Il cite un député, médecin de profession, donnant comme
signe de prospérité agricole, la présence de parapluies dans
les campagnes de son pays, au lieu de chapeaux à larges
bords précédemment employés !

Il montre notre agriculture écrasée par la concurrence
étrangère, et sacrifiée de la manière la plus insensée dans

tous ses produits, blé, céréales de toute espèce, huiles et graines oléagineuses, laines, bestiaux, etc. Il explique la hausse de la viande, par la suppression des droits sur les suifs, les cuirs, les peaux, la laine, ce qui a forcé le boucher qui avait pour bénéfice naturel ces débris qu'on appelait le *cinquième quartier*, de demander au prix de la viande, la différence qui résultait pour lui de la perte que lui causait la suppression des droits d'entrée sur ces divers produits animaux : et c'est naturellement le client qui a dû le payer.

Par les tarifs de pénétration, les chemins de fer transportent à moitié prix de la frontière à Paris tous les produits étrangers, tandis que les nôtres paient double pour une distance moitié moins longue !

Il dit : pour vous donner une idée de la manière intelligente dont les intérêts de la France ont été sauvegardés, c'est à peu près comme si vous vouliez changer votre bœuf avec un ami, qui en retour vous donnerait un lapin. (*Rires*).

Voici un exemple frappant : l'Amérique vous le savez, nous ruine par l'invasion de ses produits.

Mais elle réclame 54 à 70 fr. par hectolitre de vin, que nous lui envoyons, plus 2 fr. 75 par chaque bouteille de vin mousseux, et nous 4 fr. 50 par hectolitre. Elle nous fait payer 280 fr. par hectolitre, pour les eaux-de-vie que nous lui expédions, mais nous lui réclamons 30 fr., quant aux liqueurs, c'est 453 fr. qu'elle nous prend et nous 40 fr.

Pour la soie elle nous fait payer de 30 à 50 0/0 de la valeur.

Mais voilà comme elle a payé sa dette et développé son industrie !

Quant à la question du blé, M. Estancelin dit qu'on est loin du temps où on accusait les hommes, qui défendaient l'agriculture, de vouloir affamer le peuple, puisqu'aujourd'hui c'est le gouvernement républicain qui est obligé de prendre l'initiative des mesures nécessaires pour permettre au cultivateur de vivre, sans augmenter les charges de l'ouvrier. Il résume la discussion en ces quelques lignes :

« S'il importe à la population que le pain soit à bon

« marché, il n'est pas moins important que le prix des
« grains ne tombe pas assez bas, pour que les cultivateurs
« ne trouvent pas une rémunération suffisante pour leurs
« travaux.

« La question principale, c'est que le travail de l'ouvrier
« soit assuré, et il ne peut l'être que si la prospérité existe
« dans le pays : si les cultivateurs sont ruinés, le travail
« s'arrête et les ouvriers sont bien avancés ; si, pour ne pas
« payer quatre sous, ils en perdent vingt !

« Qu'a gagné la classe ouvrière, aussi bien des villes que
« des campagnes, à la baisse du prix du blé ? N'est-ce pas
« de la décadence de la fortune agricole que date le malaise
« industriel ? conséquence de la diminution de la vente des
« objets manufacturés, et l'ouvrier n'a-t-il pas perdu en
« chômages bien au delà de l'économie qu'il a pu réaliser
« par le bon marché du pain ?

« Le Ministre de l'Agriculture ne disait-il pas dernière-
« ment : *La crise industrielle est le résultat de la misère
« des campagnes.* »

Toutes les accusations stupides d'autrefois ont fait leur
temps et ne peuvent être répétées que par des niais.

D'ailleurs, nous avons un exemple sous les yeux, il est
puisé dans le rapport de la Commission de la Chambre :

Nancy et Metz, l'une, est ville française, l'autre, qui le
redeviendra, je l'espère, un jour, mais qui, aujourd'hui,
subit les lois de l'Allemagne.

A Metz, les farines étrangères paient un droit de 3 fr. 75
— à Nancy, un de 1 fr. 20 — et le prix du pain est le même
dans les deux, ou pour être mathématiquement vrai, il y a
une différence *d'un cinq millièmes de centime par jour*,
ce qui, *pour toute l'année*, produit une somme de 10 centi-
mes par tête.

Quant à la question des vins, M. Estancelin démontre
que le marché le plus important pour les producteurs de
vins, c'est le marché français, et que la demande diminue
avec la misère des campagnes, que Bordeaux qui avait
tant poussé au libre-échange, en vue de l'importation en
Angleterre, en a été pour ses espérances. La seule ville de
Bordeaux consomme plus de vin que l'Angleterre entière,
et, aujourd'hui, les vins d'Espagne, arrangés et transformés,

remplacent dans le commerce le Bordeaux de table, et toute la Chambre de commerce de Bordeaux qui était libre-échangiste a été changée et est maintenant protectionniste.

Il n'y a d'opposés aux droits, actuellement, que les libre-échangistes à l'esprit faux, et certains commerçants.

Mais, les libre-échangistes devraient commencer par prêcher d'exemple ; ainsi le Conseil municipal de Paris est libre-échangiste et ne veut pas qu'on fasse payer les produits étrangers aux frontières ; mais il perçoit à l'octroi 53 fr. pour un bœuf, 35 fr. pour une vache, 16 fr. pour un porc, 11 fr. pour 100 kil. de beurre, et pour le vin un prix qui atteint presque la valeur totale de certains vins, comme à Nantes où le vin paie plus de 30 fr. d'entrée, et les vins des environs ne valent pas ce prix.

Mais voici quelque chose d'assez piquant. Je trouvai, dit-il, l'autre jour, dans un journal que voici, une adresse d'un Conseil municipal d'une ville importante qui déclare au Ministre que : « L'établissement d'un droit sur les blés et « le bétail étranger, est une mesure anti-démocratique et « que le gouvernement ait à renoncer à frapper d'un droit « quelconque, les blés et le bétail de provenance exotique. »

Et, dans ce même journal, à la colonne d'en face, je trouve l'énumération des taxes votées par ce même Conseil municipal pour un droit d'octroi, et je lis :

30 fr. pour un bœuf, 12 fr. par 100 kilos pour la viande de bœuf et de mouton.

C'est 30 fr. par bœuf ordinaire, 15 fr. pour la charcuterie, 10 fr. pour le beurre, 3 fr. pour le bois.

Et j'y vois figurer divers produits employés par l'industrie, et qui sont frappés de droits de 25 à 40 0/0 de leur valeur réelle ! (*Mouvement*).

De sorte que, par patriotisme, on réclame des cultivateurs ou des fabricants français des droits élevés prélevés sur leur travail, travail national ! et on prie le gouvernement de ne rien demander aux frontières aux produits étrangers, et cette ville n'est pas loin d'ici : c'est Toulon ! (*Mouvement. — Rires*).

Ainsi on trouve mauvais que les éleveurs italiens paient des droits qui diminueraient leurs bénéfices, pour faire entrer leurs bestiaux, leurs huiles ou leurs divers produits en France, se servant de nos routes, de nos chemins de fer, de nos ports : mais on trouve très légitime de faire payer au cultivateur provençal qui va de la Garde ou de la Crau approvisionner Toulon, 30 fr., 15 fr., 10 fr., pour ses bœufs, cochons ou beurre !

Voilà, pris sur le fait, la logique des libre-échangistes. Quant au commerce, c'est certainement un intérêt fort respectable : mais en quoi consiste le commerce, surtout le commerce de nos grands ports ?

Car, le commerce de détail qui vit de la clientèle française, subit les effets de la gêne publique.

Mais le commerce qui fait des affaires à l'étranger, et c'est celui-là qui parle le plus haut, ce commerce consiste à acheter de la main droite et à revendre de la main gauche ; que les produits lui viennent des Indes, d'Amérique, d'Asie ou d'Afrique, que lui importe ? Que ses acheteurs soient français, anglais ou allemands pourvu qu'ils paient, c'est tout ce qu'on leur demande ! Il retire son bénéfice sur le trafic ; peu importe le reste. Un étranger arrive, s'installe, ouvre son portefeuille, fait des affaires bonnes ou mauvaises, cela le regarde ! Il arrive, bonjour ! Il part, bon voyage ! Ces intérêts ne sont pas des intérêts nationaux et permanents, et par conséquent ne doivent pas être prisés plus qu'ils ne valent.

Le commerce de détail, lui qui ne vit, comme je le disais, que de la clientèle française, a des intérêts différents. Il n'y a qu'à voir le nombre de faillites à Paris et ailleurs, pour se rendre compte de la solidarité qui existe entre sa prospérité et celle de l'agriculture.

Quels sont donc les motifs qui ont pu amener le gouvernement Français et les Chambres à renouveler les Traités de commerce dont les conséquences pouvaient être prévues, car les résultats des traités de 1860 étaient visibles. On a bien parlé de leur incapacité et de leur ignorance ;

mais, à mon avis, il y a d'autres motifs encore ; ils sont de nature différente : Les uns tiennent à la politique extérieure, les autres touchent aux questions intérieures.

Si l'Empereur Napoléon III avait à ménager les susceptibilités anglaises, la République avait aussi un peu à compter avec l'Europe entière.

J'ai dit que je ne m'occuperais pas de la forme du gouvernement qui nous régit ; mais il est un point sur lequel nous sommes tous d'accord, c'est qu'il n'y a en Europe qu'une République importante , je ne parle que pour mémoire de la Suisse, ou de la République d'Andorre.

Croyez-vous que les Souverains de l'Europe voient avec plaisir l'établissement républicain d'un aussi grand pays que la France ?

Vous me permettrez d'en douter, et les faits sont là, car je cherche vainement nos alliés, quand je vois l'alliance des plus grandes puissances du Continent, cimentée par les rapports de leurs souverains. Notre plus fidèle alliée, c'est notre épée, mais elle est seule ! (*Mouvement.*)

M. Thiers a fait avaler à cette Chambre de 1870 (de si triste mémoire) une des affirmations les plus osées que j'aie jamais entendues :

« L'Europe, dit-il, voit la République avec une bienveil-
« lante sollicitude. »

— Qu'est-ce que la République ?

Pour répondre par une vérité de M de La Palisse : c'est la suppression de la Monarchie. Et à qui fera-t-on accroire que les Souverains voient, avec une *bienveillante sollicitude*, l'établissement d'un régime qui prouve qu'ils ne sont bons à rien, et qu'on peut se passer d'eux ?

Supposons que M. le Maire d'Hyères ait le pouvoir de prendre un arrêté supprimant les notaires et les huissiers de la ville, et les fasse remplacer par les employés de la Mairie ; et qu'il vienne dire à son Conseil municipal, au bout de quelque temps, que les notaires et les huissiers de Toulon voient, avec une *bienveillante sollicitude*, la nouvelle organisation de la ville d'Hyères ! Messieurs les Conseillers, en l'entendant, se diraient : Ou notre Maire a un fameux aplomb, ou les notaires et les huissiers de Toulon sont de bien bonne composition ! (*Rire général.*)

Cette comparaison locale, qui n'est blessante pour personne, vous fera comprendre les sentiments d'*affectueuse sollicitude* que les Souverains de l'Europe peuvent avoir pour la République française.

Il fallait trouver un moyen de leur être agréable en faisant quelque chose d'utile aux intérêts de leurs nations, et on leur a, comme en 1860, livré une seconde fois le marché français !

Quant aux motifs de l'ordre intérieur, ils sont différents.

Le gouvernement républicain a fait naître dans les classes populaires des espérances d'une réalisation très difficile, et on a espéré qu'avec des mots et des promesses on se tirerait d'affaire ; on a promis, par les traités de commerce, la vie à bon marché. Pain, vin, viande, huile, y compris le pétrole, tout cela devait être presque pour rien ; mais ce qu'on ne pouvait donner à ce peuple, c'était des salaires pour payer tout cela et du travail pour les gagner ! C'est alors que pour se débarrasser de la question économique, qui est la question sociale, on a lancé la question cléricale.

Ne pouvant pas donner à vivre aux ouvriers, on a essayé de les amuser en leur faisant « manger du prêtre ! »

Eh ! mon Dieu, l'expression n'est pas de moi, je viens de la lire dans un article d'un républicain bien connu :

Voici ce qu'il dit :

« Les chefs de l'opportunisme avaient fondé leur popu-
« larité et leur fortune politique sur des promesses impru-
« dentes faites aux populations ouvrières des grandes villes.
« — A cet afflux de la sève intransigeante, M. Gambetta
« opposa comme dérivatif l'appel aux passions anti-reli-
« gieuses : Le cléricalisme, voilà l'ennemi ! avait-il dit.
« Pendant longtemps, les affamés se contentèrent de
« manger du prêtre ; la question religieuse domina la
« question sociale ». — C'est M. Andrieux qui parle.

Si j'avais été là, quand a été prononcé le mot « Le cléricalisme, voilà l'ennemi ! »

Moi, dont les sentiments libéraux sont bien connus, j'aurais répondu : « Le libre-échangiste, voilà l'ennemi », voilà celui qui ruine le peuple et la France, au profit de l'étranger ! (*Applaudissements*).

Je n'ai jamais compris à notre époque la guerre aux prêtres, car pas plus à vous qu'à moi, jamais la Religion, par la main de ses ministres, n'a mis obstacle à notre liberté la plus entière.

Est-ce que nous n'avons pas, tous, le droit de vivre à notre guise, et depuis bien longtemps, sans que qui que ce soit, évêque ou curé se mêle de nos affaires, et nous arrête dans nos plaisirs ! Et qui peut donc trouver mauvais que, pendant que nous nous amusons, il y ait un lieu de prières, où l'on dise à nos femmes : soyez honnêtes ! à nos filles : soyez chastes ! (*Applaudissements*).

Eh bien ! moi, je ne crains pas de le déclarer : je salue dans le prêtre modeste, qui vit avec nos paysans, et sait mourir avec nos soldats, la plus belle incarnation de la démocratie, et de l'égalité sur la terre !

Cet enfant du peuple qui court pieds-nus dans la prairie ou sur la grève, le jour où il est devenu ministre de l'Evangile, sans lui demander qui il est, d'où il vient, voit les plus puissants de la terre s'incliner devant sa mission de paix et de charité !

Mais son action toute morale n'entrave que je sache, en quoi que ce soit, les libertés nécessaires des citoyens indépendants ! (*Applaudissements répétés*).

Aujourd'hui, forcément, une question matérielle s'impose à tous les esprits et à toutes les classes, c'est la question économique, c'est la question sociale, c'est la question de vie ou de mort pour la France !

Pour en distraire la nation et comme remède à ses misères, on a inventé la fameuse politique coloniale !

On a dit à nos cultivateurs ruinés : Allez coloniser ! L'autre

jour, un brave homme n'ayant plus rien, est venu me prier
de le renseigner sur l'avenir de ces fameuses et nouvelles
colonies!

Il voulait partir pour la Cochinchine, le Tonkin. Vous le
savez, tout beau, tout nouveau! Et après avoir examiné
les rapports officiels, je lui ai dit : Gardez-vous bien d'aller
dans ces Colonies, où il n'y a ni colons, ni terres à cultiver,
ni eau à boire! Où la terre est de la boue, et où l'eau
empoisonne !

Nous avions à nos portes l'Algérie, nous avions nos
départements qui se dépeuplent, c'est là où il fallait prendre
toutes les mesures nécessaires pour rendre possible aux
habitants de nos campagnes, la vie qu'avaient menée leurs
pères !

Quand les ruches essaiment-elles ?.

Quand la population de la ruche est trop considérable et
les abeilles trop nombreuses! Est-ce le cas pour nous?
Nous manquons de bras en France! Nous avons l'Algérie à
nos portes ; en Egypte nous avions une colonie commer-
çante et prospère, nous avons abandonné et négligé tout
cela pour aller gaspiller le sang si précieux de nos soldats,
gaspiller notre or dans des pays aux rizières empestées, où
aucun européen ne peut vivre !

Voyez, à Toulon, les tristes revenants de la Cochinchine
ou du Tonkin ! Leur teint cadavéreux nous prouve que le
poison mortel qui coule dans leurs veines n'a pas achevé
son œuvre et que leurs jours sont comptés! Et pour
compléter le tableau, les clefs du canal de Suez qui est la
porte par où nous devons passer, sont aujourd'hui dans les
mains de l'Angleterre qui les partage maintenant avec
l'Italie !

Voilà la politique coloniale qui devait dédommager la
France de la crise qui l'épuise, et offrir à notre industrie
en souffrance, ou à nos agriculteurs ruinés, des horizons
plus prospères !

Un député radical de Lyon, M. Brialou, a, l'autre jour,
d'un seul mot dépeint la folie de cette politique : « On fait

« des expéditions lointaines pour porter à l'étranger le
« travail que nous offre le pays lui-même, on ne se défend
« pas en France contre les produits étrangers, on ne se
« défendra pas mieux contre ces produits dans les colonies
« qu'on veut établir au prix de tant de sacrifices ! »

M. Brialou a cent fois raison, c'est là un langage vraiment français.

A côté de l'opinion d'un député radical français, je vais vous communiquer celle d'un des hommes d'Etat les plus considérables de notre époque. Le grand chancelier de l'Empire d'Allemagne disait ces jours passés au Reichstag :

> « Ce ne sont pas les calamités de la guerre que la France,
> « ce pays si riche et si travailleur, a, depuis longtemps,
> « réparées, mais ce sont les souffrances de l'agriculture *qui*
> « *sont cause de l'état économique actuel qui pèse sur*
> « *la France;* elle est en avance sur nous de 15 ans, dans
> « la voie désastreuse où la ruine de l'agriculture ne peut
> « manquer d'entrainer le pays. Gardons-nous, pendant
> « qu'il est encore temps, de suivre un aussi funeste
> « exemple !
> « Depuis qu'en 1879 nous avons rétabli des droits pro-
> « tecteurs, nous avons eu raison de l'anémie qui minait de
> « plus en plus la nation : Le commerce, l'industrie, l'agri-
> « culture se relèvent à vue d'œil : nos exportations aug-
> « mentent, notre marine marchande prospère, partout la
> « vie et l'animation renaissent dans le domaine écono-
> « mique. »

Et pour accélérer ce mouvement, le Parlement allemand vient, ces jours-ci, de voter encore un relèvement de droits.

Voilà, Messieurs, la seule et vraie politique à suivre dans notre pays : si on n'avait pas fait ces désastreux traités de 1880, nous n'en serions pas tombés au point où nous sommes ! Et, si au lieu de gaspiller les finances de l'Etat, on avait consacré les millions, inutilement dépensés dans de lointaines expéditions, à favoriser l'établissement d'un crédit agricole sérieux, on aurait pu, notamment pour les viticulteurs qui peuvent, par leurs produits, payer l'intérêt des capitaux qui leur seraient prêtés, les aider à replanter leurs vignes ou à employer les procédés que la science recommande pour combattre le fléau qui les accable ! Rien n'a été fait en temps utile ; mais, comme le moment des élections s'approche, il a fallu donner une légère marque d'intérêt à l'agriculture et s'occuper d'elle pendant une semaine.

Est-ce suffisant ! Non. Il faut, au Pouvoir, des hommes ayant la ferme volonté de faire revenir le gouvernement à une politique économique réellement nationale !

Avant tout, pensons à la prospérité de notre pays, au sort de nos ouvriers et de nos cultivateurs ! Le libre-échange les ruine ! Nous avons tous à un égal degré l'amour de la Patrie, mais à cette France, notre mère commune pour laquelle notre cœur nous réunit dans une même affection, il lui faut des conditions de sécurité et d'indépendance que peut seul lui donner la politique économique que j'indique !

Il lui faut une armée nationale pour défendre, avec ses frontières, son honneur ! Il faut donc favoriser le repeuplement de nos campagnes, au milieu desquelles se recrutent le plus grand nombre de ces vaillants soldats qui, sur tous les points du globe et pour toutes les causes, savent combattre et mourir avec tant de courage et d'abnégation ! Rappelez-vous le sort de toutes ces Républiques, obligées, pour se défendre, de réclamer l'appui de soldats mercenaires!

Carthage, Tyr, Rome elle-même, privée de ses vaillantes légions ! les Républiques italiennes, toutes ont disparu, trahies ou abandonnées par les soldats, retenus seulement sous leurs drapeaux par le prix de l'or qui payait leurs services ; et l'unité de la France n'a été assurée que lorsque, sous les étendards aux fleurs de lys d'or, l'armée française a été constituée. Depuis, nos soldats ont fait le tour du monde, montrant, sous le drapeau tricolore, cette unité de sentiments patriotiques, qui fait notre force et est la garantie de notre indépendance.

Mais, s'il faut à la France une armée nationale, il faut une industrie nationale Aussi, pour l'équiper, l'armer, la vêtir, il ne faut pas que nous soyons obligés d'aller demander à l'étranger les armes, les munitions, les vêtements, les souliers de nos soldats ! Il nous faut donc une industrie à nous, aussi bien pour la paix que pour la guerre !

Et s'il nous faut une armée bien à nous, équipée par nous ! nous n'allons pas donner à l'étranger la clef de nos greniers ; attendre, pour nourrir nos soldats, l'arrivée des grains du Nouveau-Monde. Et quand on dit aux cultivateurs : faites de l'herbe au lieu de faire du blé, on commet un crime de lèse-nation ; cette pensée là n'a pu venir au cœur d'un vieux français !

Et si la mer n'est pas libre, si des flottes étrangères battent les mers, quelle sera notre situation ?

Développons donc notre agriculture par tous les moyens ; et si des sacrifices sont nécessaires, n'hésitons pas, car nous travaillons à la fois pour la prospérité et l'indépendance de notre pays.

Aujourd'hui nos campagnes se dépeuplent, notre industrie souffre, notre agriculture périt ; il faut remédier à ces maux qui nous frappent en changeant de système économique, et changer aussi l'équipage maladroit qui nous a conduits au milieu des écueils !

Il faut nous débarrasser du libre-échange et des amis de l'étranger.

Bientôt vous aurez à juger vos représentants : soyez impitoyables aussi bien pour les amis que pour les adversaires qui ne pourront pas vous répondre d'une manière satisfaisante à cette question :

QU'AVEZ-VOUS FAIT DE LA FORTUNE DE LA FRANCE !

C'est unis tous dans une pensée commune de patriotisme, que nous arriverons ainsi à rendre à la France sa prospérité avec sa fortune, et à assurer sa sécurité et son indépendance. *(Applaudissements prolongés.)*

895 — Toulon, Imprimerie E. COSTEL, cours Lafayette, 74.